AF227181

RECHERCHE

SUR

LA PATRIE ET LES TRAVAUX

DE VILARD D'HONNECOURT,

PAR M. PIERRE BÉNARD,

PRÉSIDENT DE LA SOCIÉTÉ ACADÉMIQUE DE SAINT-QUENTIN,
MAÎTRE DES OUVRAGES DE LA COLLÉGIALE.

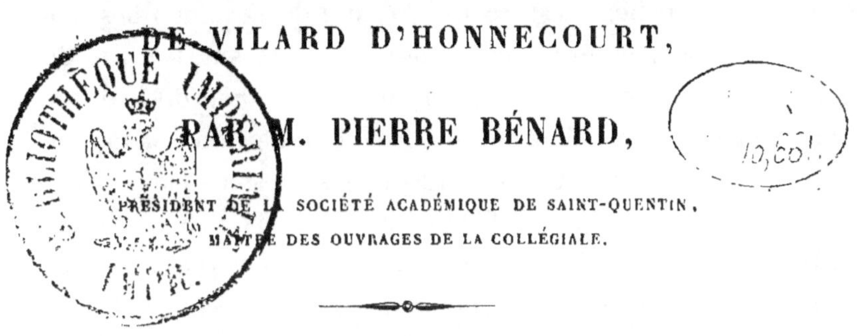

Ce que nous savons de Vilard d'Honnecourt (ou Villard de Honnecourt) ne nous est connu jusqu'ici que par son album. L'examen de ce cahier de croquis et de notes, ainsi que l'ont fait remarquer M. Quicherat, et après lui MM. Lassus et Darcel, nous apprend que cet architecte florissait entre 1230 et 1260; il nous montre son instruction très-étendue et très-variée, ses nombreux voyages, ses relations avec les grands artistes du temps.

Vilard ne mentionne, dans son album, d'une manière expresse et explicite, aucun des travaux qu'il a dirigés, et, pour y trouver des indications relatives aux édifices qu'il a pu construire, on est réduit à faire des hypothèses, à chercher des allusions dans le texte, à tirer de la position géographique du lieu de sa naissance des inductions plus ou moins probables. C'est ainsi que les savants que nous venons de citer ont été amenés à penser que Vilard aurait été un Picard du Cambrésis, et qu'il aurait construit le chœur de la cathédrale de Cambrai. Dans l'état d'incertitude où se trouve encore la question, même après une opinion si autorisée, nous croyons devoir essayer d'exposer quelques observations, qui contribueront peut-être à réduire le champ des hypothèses.

A.

VILARD EST-IL UN PICARD DU CAMBRÉSIS?

Il est vrai qu'Honnecourt fait actuellement partie de l'arrondissement de Cambrai; cette commune est située à l'extrémité méridionale de cet arrondissement, et elle confine à celui de Saint-Quentin. Mais il est également vrai qu'avant la Révolution, Honnecourt appartenait, non pas au Cambrésis, mais au Vermandois, province de Picardie. C'est ce qui résulte de l'examen des manuscrits de dom Grenier [1]; Honnecourt y figure sur la carte du Vermandois, au nord-ouest. Cette localité, dépendant du bailliage de Saint-Quentin, possédait une abbaye d'hommes dont la maison de refuge était à Saint-Quentin [2]. Les cartes dressées par le sieur Michel, ingénieur du roi à l'Observatoire, vers 1750, placent aussi Honnecourt dans le Vermandois. Le procès-verbal des États des bailliage et prévôté du Vermandois, tenus les samedi 31 octobre 1556 et jours suivants en la ville et cité de Reims, et présidés par Christophe de Thou, conseiller du roi en sa cour du parlement, pour la révision des coutumes générales du Vermandois, portent Honnecourt comme appartenant aux bailliage et prévôté de Saint-Quentin. Enfin on lit dans l'*Histoire de France* de Dupleix [3] : « Édouard s'avance en Picardie, honteusement repoussé à Honnecourt par l'abbé du lieu... »

Ces indications suffisent pour prouver que Vilard était un Picard, non pas du Cambrésis, mais du Vermandois. — Il était Picard; donc il n'était pas du Cambrésis qui n'a jamais été province picarde. S'il eut été du Cambrésis, il serait Wallon, et par conséquent sujet, non de la France, mais de l'Empire, puisque le Cambrésis n'a été réuni à la France que par la conquête, en 1677.

QUELS FURENT LES TRAVAUX DE VILARD?

L'opinion qui consiste à considérer Vilard comme originaire du

---

[1] A la Bibliothèque impériale, 16e paquet, 106.

[2] Nous devons ces renseignements à l'obligeance de MM. Henri Martin, historien, et Ch. Desmaze, conseiller à la Cour impériale de Paris.

[3] Règne de Philippe VI, 1339.

Cambrésis conduisait naturellement à chercher ses travaux dans cette province. Et comme, d'une part, l'architecte de la cathédrale de Cambrai est inconnu jusqu'ici, et que, d'un autre côté, l'album mentionne ce monument, on en a inféré que l'architecte de la cathédrale de Cambrai n'était autre que Vilard.

Notre-Dame de Cambrai est citée deux fois dans cet album, d'abord à la planche XXVII : « Voici le plan de Madame Sainte-Marie de Cambrai, tel qu'il sort de terre. Plus avant en ce livre vous en trouverez les élévations du dedans et du dehors, ainsi que toutes les dispositions des chapelles et des murailles, et la forme des arcs-boutants. » Par malheur, ni la planche XXVII ni aucune autre ne présentent trace des élévations annoncées. Voici la seconde citation; elle se trouve à la planche LIX : « En cette autre page vous pouvez voir les élévations extérieures des chapelles de l'église de Reims, ainsi qu'elles sont depuis la base jusqu'au sommet. De cette manière doivent être celles de Cambrai si on les construit. Le dernier entablement doit former des créteaux. »

Il est permis d'hésiter à conclure de ces deux notes que Vilard ait été l'architecte de la cathédrale de Cambrai. Comparons-les à celle-ci, dans laquelle il décrit la cathédrale de Reims :

« Remarquez bien ces élévations : devant la couverture des bas côtés il doit y avoir une voie sur l'entablement, et il doit y en avoir une nouvelle sur le comble de ces bas côtés devant les verrières, avec des créteaux bas, comme vous le voyez en l'image qui est devant. A l'amortissement de vos contre-forts il doit y avoir des anges, et par-devant des arcs-boutants. Devant le grand comble il doit y avoir des voies, et des créteaux sur l'entablement, pour circuler lorsqu'il y a danger du feu. Il doit y avoir aussi sur l'entablement des chéneaux pour déverser l'eau. Je vous le dis encore pour les chapelles. »

On le voit, le ton est le même, ni plus ni moins impersonnel. A Reims, il dit : « Devant la couverture il doit y avoir une voie, etc. » à Cambrai, il s'exprime en termes équivalents : « De cette manière doivent être les chapelles, si *on* les construit. »

Pourquoi ce *on* indéfini, si Vilard est l'architecte de la cathédrale de Cambrai ? Est-il dans son tempérament de faire abstraction et abandon de sa personnalité, au point de n'affirmer nulle part qu'il est l'auteur de ce grand édifice? — Le style, c'est l'homme. Voyons donc par le style, si le caractère de l'homme tend à un pareil effacement de soi-même.

Dès la première page de l'album, il signe son œuvre : « Vilard d'Honnecourt vous salue, » dit-il en débutant.

Plus loin, lorsqu'il reproduit un simple dessin d'abside qu'il a étudié avec un collègue, picard comme lui, il nomme son collaborateur, mais il se nomme aussi, lui premier : « Istud presbyterium invenerunt Ulardus de Honecort et Petrus de Corbeia, inter se disputando. »

Et plus bas, même feuillet, pour être compris de tout le monde, il traduit le même renseignement en langue vulgaire : « Ci-dessus est une église à double collatéral que trouvèrent Vilard d'Honnecourt et Pierre de Corbie. »

Ailleurs, dessinant une fenêtre de la cathédrale de Reims, son église de prédilection, il écrit : « Voici une des fenêtres de Reims, des travées de la nef, comme elles sont entre deux piliers. J'étais mandé dans la terre de Hongrie quand je la dessinai, parce que je la préférais. »

J'ai peine à croire que l'artiste qui, en prenant un croquis de fenêtre, n'oublie pas de nous apprendre qu'il va se mettre en route pour la Hongrie, oublierait de nous dire, en nous présentant les dessins d'une vaste cathédrale, qu'il est l'auteur des plans et le directeur de l'œuvre. Il m'est difficile de comprendre que Vilard, créateur des plans de la cathédrale de Cambrai, ne nous en entretienne pas avec plus d'émotion et de complaisance que des plans de la cathédrale de Reims, et qu'il n'y ait pas apposé au moins une fois sa signature.

De cette discussion on peut conclure les deux points qui suivent :

1° Vilard a visité les cathédrales de Reims et de Cambrai, au moment où les travaux étaient en pleine activité; il a eu des conférences avec les deux maîtres de l'œuvre; il a pris communication de leurs dessins, et il a relevé ses croquis autant d'après ces dessins que d'après les maçonneries déjà exécutées.

2° L'album ne contient, selon nous, les dessins d'aucun des

édifices que Vilard a pu être chargé de construire ; c'est un simple carnet de notes et de croquis de voyages, un portefeuille de renseignements recueillis jour par jour. Tantôt il va chercher ces documents bien loin, tantôt il les rencontre chemin faisant; esprit observateur et encyclopédique, il les consigne à la minute, sans ordre préconçu ; il les accumule pour son propre usage et pour l'instruction de ses élèves. A Cambrai, il dessine le plan du chœur ; à Chartres, il prend le croquis de la grande rose; à Laon, celui des tours; à Reims, il étudie attentivement les élévations générales du vaisseau, les fenêtres, les appareils; en Hongrie, c'est un dallage qui attire son attention, et dont il relève les motifs. C'est ainsi qu'il compose son album des spécimens qui lui paraissent les plus parfaits des divers éléments d'une cathédrale. Chargé évidemment de la construction de quelque grand édifice, et jaloux de créer une œuvre qui soit à la hauteur des progrès de l'art, il commence par faire son tour d'artiste, et prépare de longue main ses matériaux.

Mais quel peut être cet édifice que nous ne connaissons pas ? A quels caractères le distinguerons-nous?

Si nous trouvons un monument de premier ordre dont l'auteur soit encore à nommer, si ce monument a été construit au moment même où Vilard était dans la plénitude de son activité et de sa réputation, si ce monument se trouve dans la patrie de Vilard, s'il présente dans plusieurs de ses parties des traits extraordinaires et non encore remarqués de ressemblance avec les dessins que Vilard a rapportés de Chartres, de Hongrie, de Reims, nous pourrons dire, sinon à coup sûr, du moins avec un haut degré de probabilité, que ce monument est l'œuvre de l'architecte picard. — Ce monument existe; l'album va nous mettre sur la voie et nous montrer la trace qui nous conduira jusqu'au seuil.

Dans la capitale de ce Vermandois, patrie de Vilard, se réédifiait lentement, à l'époque de sa naissance, l'ancienne collégiale bâtie par Charlemagne (*gloriosus constructor hujus ecclesiæ*, disent les chartes). Au moment où Vilard arrivait à la maturité de son talent, une nouvelle et plus vigoureuse impulsion était imprimée aux travaux de ce monument; l'abside, les deux transepts orientaux et le chœur s'élevaient avec rapidité. En 1257, cette vaste construction s'achevait, et saint Louis l'inaugurait en personne: « De veteri ecclesia in novam fabricam, quæ præclaro opere inchoata refulget [1]. »

Fig. 1.

En faisant déposer, il y a quelque temps, dans une des chapelles absidales de cette église de Saint-Quentin, un autel, genre corinthien, en bois peint à l'imitation du marbre, et dont les dimen-

Charta testimonialis Ludovici IX.

sions encombrantes masquaient les baies circonvoisines, nous avons
eu le bonheur de découvrir, sur un panneau de la partie inférieure
des murs, à hauteur d'homme, un dessin qui frappa vivement
notre attention. Ce dessin, bien qu'endommagé jadis par les ma-
çons qui avaient profondément entaillé la muraille pour faire en-

Fig. 2.

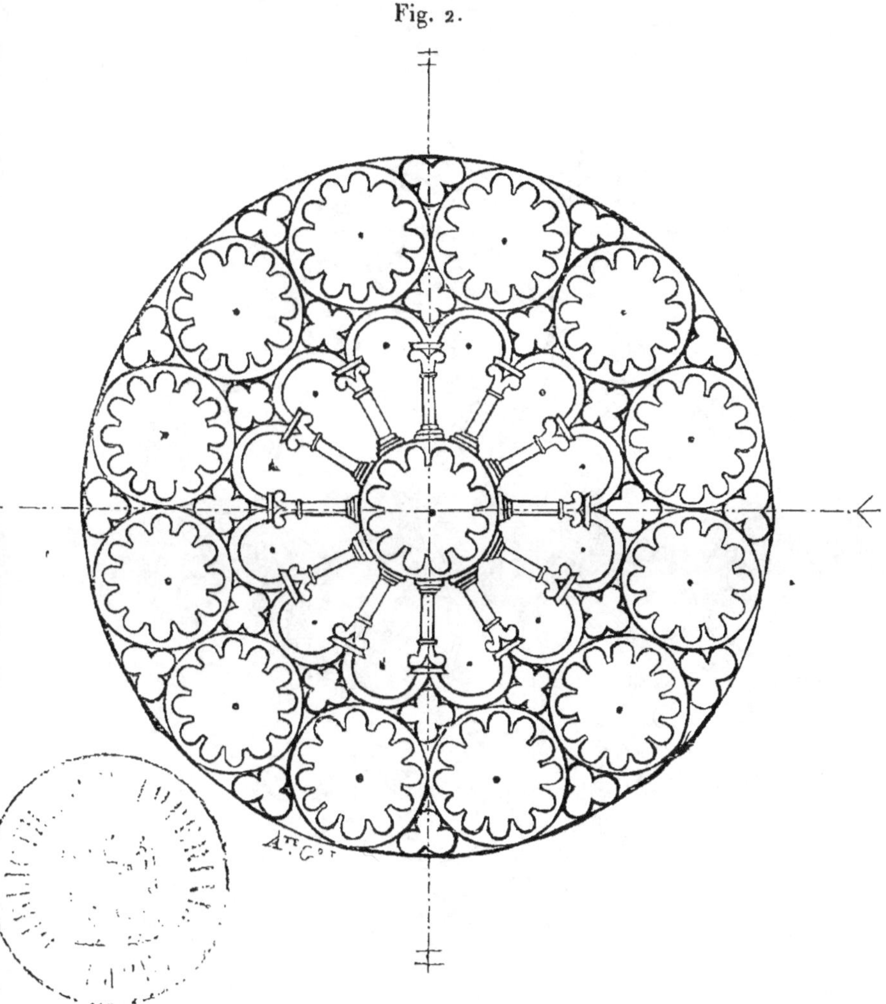

trer de force le rétable carré de cet autel dans le contour polygonal
de la chapelle, est encore assez bien conservé pour qu'il nous ait
été facile d'en restituer la composition intégrale (fig. 1).

Ce dessin, gravé sur la pierre, représente une grande rose de
cathédrale; il a soixante-six centimètres de diamètre, et les à-jour

y sont figurés par des refouillements très-habilement et très-fine-
ment exécutés. Tout nous porte à croire que c'est la réduction et
l'étude préliminaire de l'ancienne rose du premier transept nord,
démolie au xvie siècle, et reconstruite en style flamboyant. Ce qui
nous surprit par-dessus tout, c'est la ressemblance extraordinaire

Fig. 3.

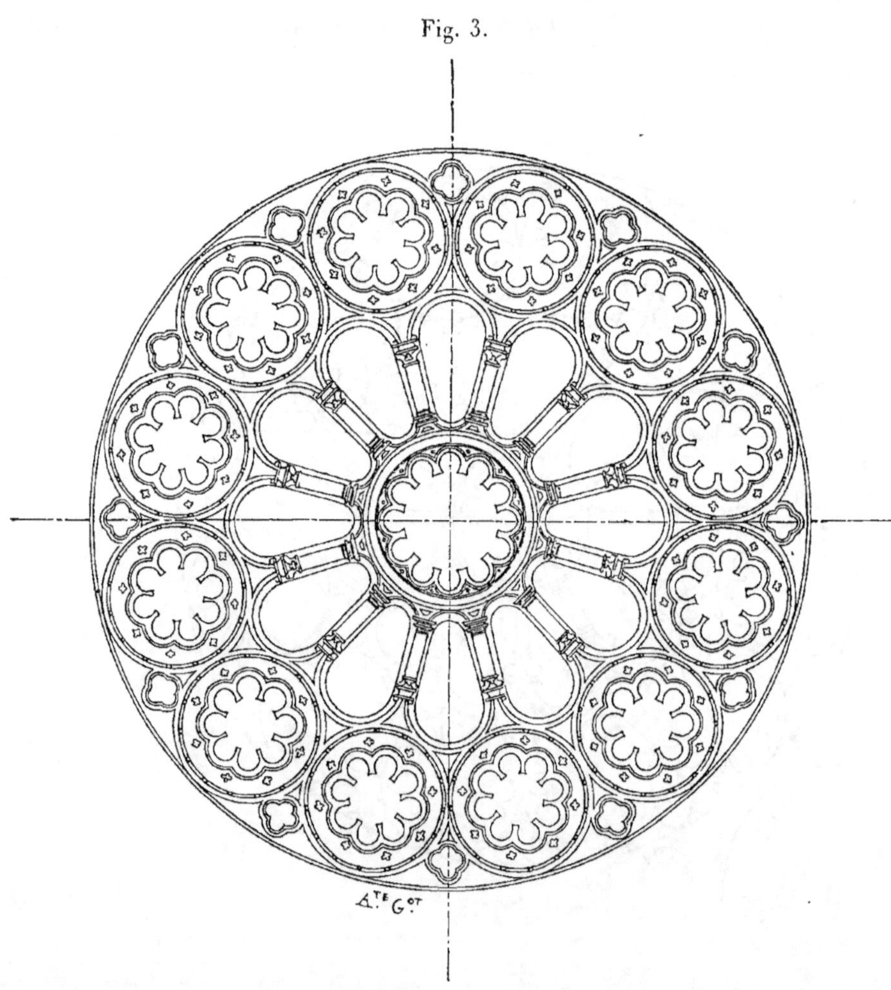

qu'il offre avec le dessin de la planche XXIX de l'album, désigné
par la légende : « C'est la fenêtre de l'église de Sainte-Marie de
Chartres ». (Fig. 2.)

Cette rose de l'album est elle-même une variante de la rose qui
existe à la façade occidentale de Chartres (fig. 3).

Le plan et la composition de ces trois roses sont identiques; douze arcatures en plein cintre portées sur douze colonnes rayonnantes en forme de roue; pour moyeu une rosette à douze lobes, et autour de la jante douze autres rosettes. La différence entre l'original et les deux copies consiste uniquement dans les détails. Ainsi, à Chartres, l'axe vertical et l'axe horizontal de la rose passent par les centres des arcatures, tandis que dans l'album ces mêmes axes principaux de la rose coïncident avec les axes des colonnes; or la rose de Saint-Quentin présente cette même particularité. A Chartres, les bases des colonnes reposent sur des arcs renversés tangents à la circonférence de la rosette centrale; dans la rose de l'album, les bases des colonnes reposent carrément sur cette circonférence, et cette disposition caractéristique se retrouve encore à Saint-Quentin. Remarquons aussi que les rosettes du pourtour, à Saint-Quentin comme à Chartres, ont leur centre sur le prolongement des axes des baies, tandis que dans l'album elles ont leur centre sur le prolongement des axes des colonnes; enfin, à Saint-Quentin comme à Chartres, ces rosettes sont à huit lobes et plus petites que la rosette centrale, et dans l'album elles sont à douze lobes et aussi grandes que la rosette centrale. Ainsi la rose de Saint-Quentin est une moyenne entre celle de Chartres et celle de l'album, et il est évidemment impossible que celui qui l'a tracée n'ait pas eu sous les yeux le dessin de l'album.

A côté de ce fait si remarquable nous avons à en signaler un autre non moins surprenant.

Dans la même planche **XXIX**, Vilard donne des dessins de pavés en mosaïque (fig. 4) disposés par carrés, et accompagnés de cette note : « J'étais une fois en Hongrie, là où je demeurai maints jours, et j'y vis un pavement d'église fait de telle manière. »

Or la chapelle Saint-Michel dans la tour, qui occupe tout l'étage au-dessus du narthex de la collégiale de Saint-Quentin, possède encore une assez grande partie de son dallage primitif; c'est une mosaïque en carreaux de terre cuite, rouges et noirs, colorés dans la pâte, et s'ajustant pour former des dessins géométriques. Non-seulement la disposition générale par panneaux variés s'y retrouve comme dans l'album, mais encore l'un des dessins de l'album, celui qui représente des étoiles formées par des intersections de cercles, y est intégralement reproduit. Il est d'ailleurs bien visible que les motifs des autres panneaux du dallage de la chapelle Saint-Michel dérivent du croquis de Vilard, et qu'ils ont été composés sous leur inspiration. M. Alfred Ramé, qui a relevé ce carrelage, le fait remonter au xiie siècle; M. Viollet-le-Duc l'attribue à la fin du même siècle. Nous nous permettrons de nous demander si ce dallage ne serait pas du xiiie siècle, à raison de la

Fig. 4.

grande importance qu'y prennent les tons rouges, signe caractéristique de cette époque.

Et d'ailleurs, comment expliquer cette étrange coïncidence d'un dessin de carrelage rapporté de Hongrie et qui aurait existé antérieurement dans une chapelle de l'église de Saint-Quentin? — Vilard, enfant du Vermandois, pouvait, du seuil de la maison natale, apercevoir les étages supérieurs de cette même tour Saint-Michel. Le voilà visitant les édifices en construction dans les contrées voisines, Vaucelles, Cambrai, Laon; est-il présumable que lui, l'artiste si vivement épris de recherches, d'études, de comparaisons et de choses neuves, qui ne pouvait aller de Cambrai à Laon sans passer nécessairement par Saint-Quentin, ait ignoré ou négligé un monument plus important que les cathédrales de Cambrai et de Laon, un monument en pleine sève de crois sance, auquel, sous ses yeux, les carrières de son terroir fournissaient leurs pierres? Et s'il l'a visité, pourquoi aurait-il rapporté de Hongrie le dessin d'un dallage qui s'y serait déjà trouvé? Par quel autre hasard inouï ce même dallage aurait-il existé simultanément dans deux localités plus éloignées l'une de l'autre à cette époque, que ne le sont aujourd'hui les antipodes?

Admettons au contraire que Vilard, revenant de Hongrie avec le dessin du dallage dans son album, ait été choisi, pour diriger les travaux de la collégiale de Saint-Quentin, par un chapitre qui était en relations fréquentes avec la collégiale d'Honnecourt, et tout s'explique. Il puise dans son album, parmi les renseignements de tout genre qu'il a recueillis, ceux qui se rapportent à l'œuvre dont il est chargé; il en fait les applications les plus diverses, suivant la nature des ouvrages qu'il s'agit d'exécuter; en les appliquant, il se les assimile, il leur imprime le cachet de son originalité, de son goût et de son sentiment. Ici il s'inspire de la rose, je pourrais dire des verrières de Chartres; là, du dallage de Hongrie; c'est ainsi que nous allons le voir faire à ses dessins de Reims un emprunt aussi flagrant qu'intelligent et heureux; et, pour le reconnaître, il nous suffira de remarquer les analogies intimes que présentent dans leurs élévations les chœurs de Reims et de Saint-Quentin.

Voici les coupes en travers comparées des absides de ces deux églises, que nous avons relevées et rapportées à la même échelle.

Reims.

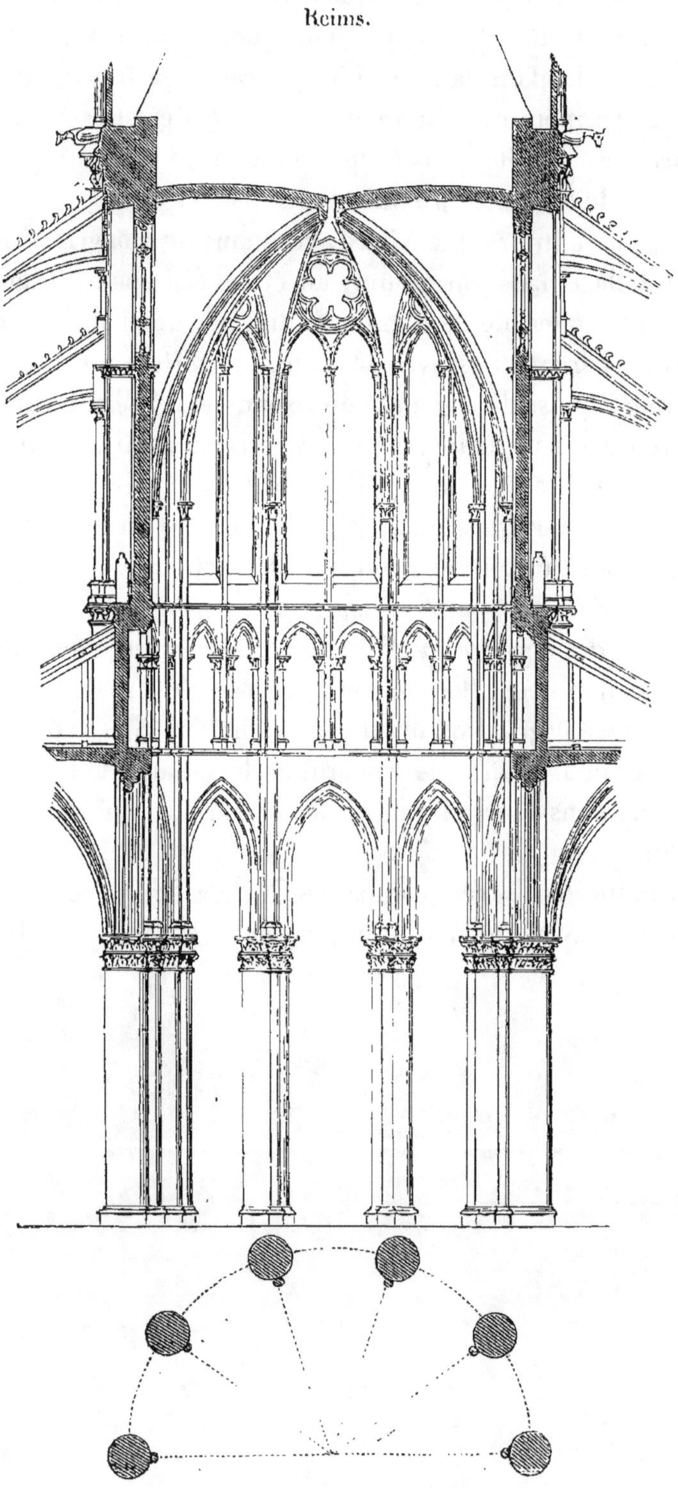

Saint-Quentin.

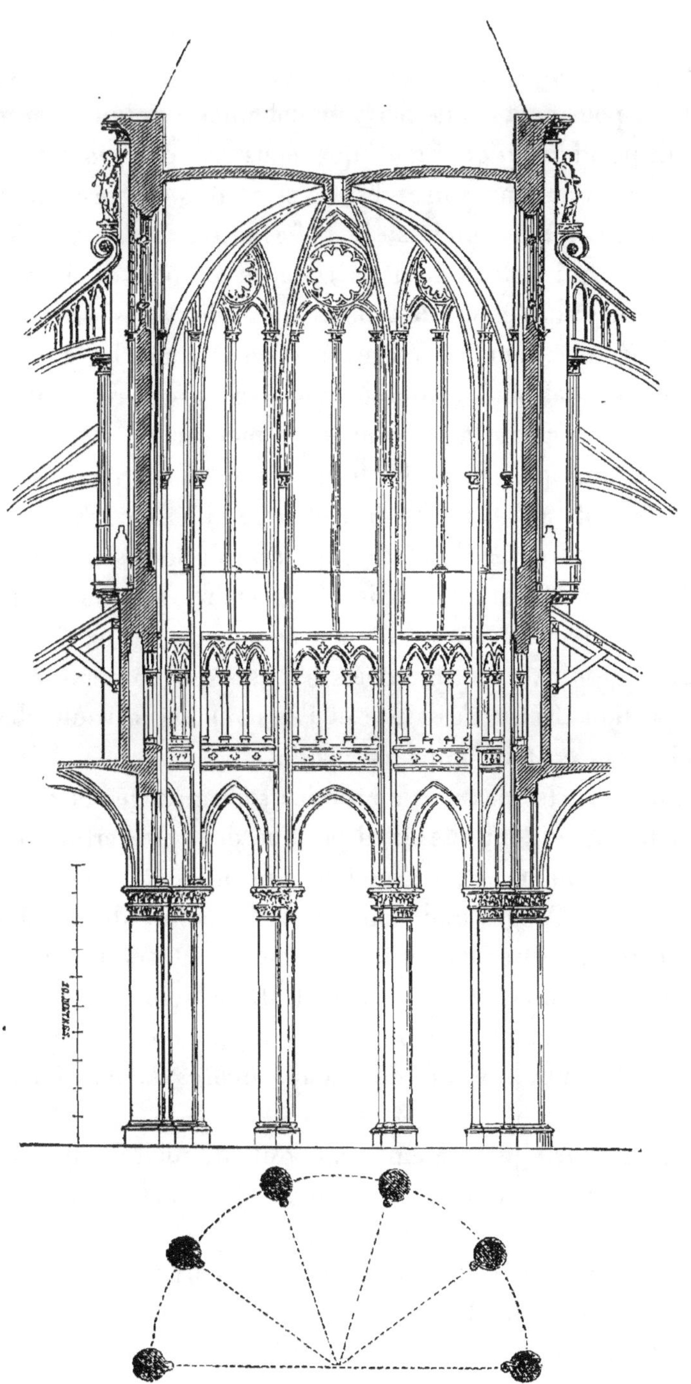

De part et d'autre, même division en trois étages : arcades du collatéral, triforium, claire-voie formée de fenêtres divisées en deux baies et surmontées d'une large rose. Dans l'une comme dans l'autre, les grandes colonnes du rez-de-chaussée sont roidies du côté de la poussée au vide par une colonnette unique placée en avant, disposition *sui generis* et que nous ne retrouvons ni à Cambrai, ni dans aucune autre abside, si ce n'est à Soissons. A Saint-Quentin, comme à Reims, le triforium est pris dans l'épaisseur du mur qui reste plein derrière, et se compose de simples arcatures ogivales portées sur des colonnettes circulaires. La seule différence à signaler, dans cet étage, c'est qu'à Reims les travées du triforium absidal sont composées de deux arcatures égales, entre lesquelles s'engage la colonnette du meneau de la fenêtre supérieure, tandis qu'à Saint-Quentin ces mêmes travées sont composées de trois arcatures égales; et cette différence disparaît dans les travées courantes du chœur, qui sont en tout semblables de part et d'autre. Les grandes baies de la claire-voie sont, dans les deux églises, partagées par un meneau identique aux détails figurés dans l'album, et surmontées de roses qui conservent la même proportion. Enfin l'ossature et l'appareil de la voûte des deux absides sont en tout point semblables.

Extérieurement, les passages de service sont ménagés et construits d'une manière identique; la disposition de la couverture des collatéraux est la même; c'est le toit en appentis. Et, chose curieuse, les figures d'anges que Vilard signale comme devant décorer l'amortissement des contre-forts au-dessus du point d'application des arcs-boutants, et qui n'existent plus à Reims, se voient encore aujourd'hui à Saint-Quentin, dans la position qui leur est assignée dans l'album : ce sont de grandes figures d'anges musiciens.

Ainsi, même parti pris, même composition, mêmes dispositions, jusque dans la plupart des détails; et cependant les deux églises présentent chacune leur physionomie bien distincte, et qui tient beaucoup plus à la différence des proportions qu'à celle des dimensions. La cathédrale de Reims est un peu plus large et plus haute que la cathédrale de Saint-Quentin; voici les mesures respectives : largeur du vaisseau entre les colonnes, $12^m,80$ et $12^m,35$; hauteur sous clef, $37^m,60$ et $35^m,20$. Nous ne croyons pas nous tromper en trouvant dans la comparaison des deux édifices la confirmation la plus sensible et la plus concluante de l'opinion émise par M. Viollet-le-Duc, que les étages inférieurs de la cathédrale de Reims ont été projetés et construits en vue de porter un vaisseau d'une plus grande hauteur, et que la claire-voie et les arcs-boutants ont été réduits en cours d'exécution. Les arcades du collatéral et le triforium, par le volume et par la masse des colonnes, non moins que par l'ampleur de leurs dimensions, font attendre un clair-étage de grandeur correspondante; et sur des jambages aussi puissants l'œil surpris ne trouve qu'un corps relativement amoindri et écourté. A Saint-Quentin, la composition architecturale n'est ni moins simple, ni moins sobre; elle est plus nette et plus franche, et l'élégance exquise des proportions donne aux lignes une magnificence sans pareille. De la base des colonnes à la clef des voûtes, les trois étages se surperposent et s'unifient avec une grâce et une harmonie parfaites, et je ne sais pour qui des deux, l'église ou Vilard, il est le plus à désirer que l'une soit l'ouvrage de l'autre.

Nous pourrions présenter encore d'autres analogies entre les dessins de Vilard et les détails de la collégiale de Saint-Quentin, analogies tirées des motifs d'ornements et des appareils figurés dans l'album; mais les considérations qui précèdent suffisent, pensons-nous, pour justifier la proposition que nous avons énoncée.

Sans doute nous n'avons pas prouvé sur pièces authentiques que le chœur de l'église de Saint-Quentin est l'œuvre de Vilard; mais nous croyons pouvoir affirmer qu'en tout cas les choses s'y présentent exactement comme s'il en était ainsi, et qu'elles sont inexplicables autrement. Nous avons en même temps démontré que Vilard est une illustration du Vermandois. — Ce sont là les deux points que nous désirions établir.

IMPRIMERIE IMPÉRIALE — 1866.

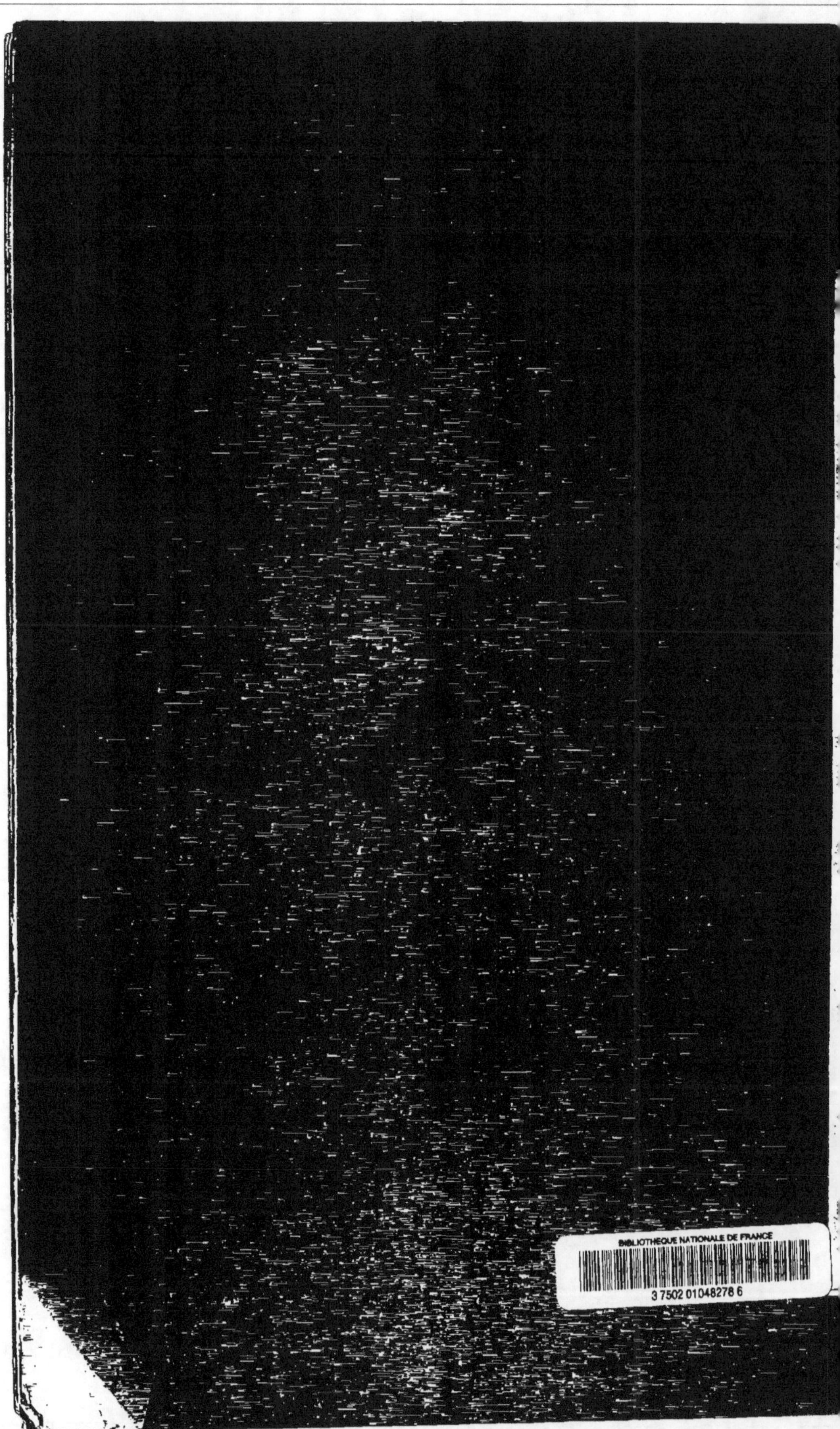